ただ念仏せよ

絶望を超える道

中川皓三郎

同朋選書 45

目次●ただ念仏せよ—絶望を超える道—

凡　例

一、本文中の真宗聖典とは、東本願寺出版発行の『真宗聖典』を指します。

一、引用文中の漢字は、基本的に通行の字体に、仮名遣いは現代仮名遣いに改めました。

はじめに

「ただ念仏して、弥陀《みだ》にたすけられまいらすべし」と、親鸞聖人《しんらんしょうにん》が法然上人《ほうねんしょうにん》をとおして聞かれ、そしてまた、我々に「ただ念仏して、弥陀にたすけられよ」と呼びかけられているお言葉が語るところを考えてみたいと思います。

実は、私の生まれた家は日蓮宗の檀家でした。ですから、「南無阿弥陀仏《なむあみだぶつ》」というお念仏の声には親しみがなく、「南無妙法蓮華経《なむみょうほうれんげきょう》」というお題目のほうが自分にとっては身近に唱えやすい言葉だったのです。

縁あって真宗大谷派の僧侶を養成する学校である大谷専修学院《せんしゅうがくいん》に入り、初めて南無阿弥陀仏というお念仏の声にふれたのですが、私自身何年か、自分の口から南無阿弥陀仏とお念仏を申すことができませんでした。そんな私が、自分もまたお念仏を申してみようと、そう思うきっかけになったのは、学院生活での週番のときのことです。学院の職員は、週番といって順番に交代で、勤行《ごんぎょう》の出席をとったり、学院の戸締りをしていました。週番は勤行の際、一番前の席に座るのですが、その隣には当時学院長をしておられた信國《のぶくに》淳《あつし》先生がいつもおられました。あるときその信國先生が「ナンマンダブツ、ナンマンダブツ…」と申しておられるお念仏の声が、自分のところに聞こえてきたということがあったのです。そのときびっくりしたわけです。

正直にそのときの感想を言えば、普通の一人の老人が、まったく何の構えもなく、ただナンマンダブツ、ナンマンダブツと称《とな》えておられる。しかし、どういうわけか、そういうすがたに私自身びっくりしまして、その信國先生の、ナンマンダブツという声に合わせるように、自分自身もまた、信國先生のお念仏のまねをしながら、念仏申していこうと、そう思うようになったのです。だから私にとってナンマンダブツというお念仏の声は、信國先生のお念仏の声に合わせてまねをしているということなのです。

信國先生は、一九八〇（昭和五十五）年の二月五日に示寂されました。示寂される前、一九七九（昭和五十四）年の夏、同窓生の学習会で倒れられて、そのあとずっと郷里の大分で療養しておられましたが、二学期の終わり近くの十一月に、学院にもどってこられてこういう挨拶をされました。

あれが七月の初旬でしたね。初旬にお別れして、……だからちょうど五ケ月ぶりですか。もうしばらく娑婆《しゃば》にいて頑張れということでしょうか。

雀がチュンと鳴き鳥がカァーと鳴く。それと同じように私も、今回の病気を通じておのずから、こうナンマンダブツ、ナンマンダブツと称えずにはおられない、ひと口に申しますと、そういう私になって今日ここに再び皆さんの前に現われることになったようであります。そういう私であります故に皆さん方と、……あとわずかですけれど、お互いこうナンマンダブツ、ナンマンダブツと申しあえるもの同士として何か出会っていきたい、……こういう要請がおのずから私の内に生まれてきておるわけであって、……で、それをひとつ実行してみましょう。皆さん起立してください。私がひと声《こえ》、ナムアミダブツと。皆さん方もひと声、ナムアミダブツと。そうして三声《みこえ》。……長くは要りません。三声繰り返しましょう。

ナンマンダブツ

ナンマンダブツ

ナンマンダブツ

昭和五十四年十一月三十日　学院生の皆さんへ

（『祖聖に続かん』信国淳大谷専修学院長在職二十年同窓生学習会十周年集会実行委員会）

私にとってはこういう言葉で、信國先生がお念仏しようと、呼びかけてくださっているということがずっとあるのです。そういうようなこともありまして、この「ただ念仏して、弥陀にたすけられまいらすべし」という、親鸞聖人が法然上人をとおして聞かれ、また、親鸞聖人が我々に「ただ念仏して、弥陀にたすけられよ」と呼びかけてくださっているお言葉で語られるところを、お互いに聞いていきたいと思うのです。

第一章　本当の豊かさ——生活の不安に学ぶ

親鸞聖人の問い

「ただ念仏して、弥陀にたすけられまいらすべし」。このお言葉は、『歎異抄《たんにしょう》』の第二章に出てくるお言葉ですが、それは、ちょうど親鸞聖人が吉水の法然上人のもとをたずねられたとき、法然上人をとおして、「ただ念仏して、弥陀にたすけられよ」と、こう聞かれたお言葉ですね。では、法然上人のもとへ行こうとされるときに、親鸞聖人がずっと抱えておられた問題というのは、いったいどういう問題だったのかということです。

親鸞聖人の妻であります恵信尼公《えしんにこう》のお手紙の中には次のようにあります。

昨年《こぞ》の十二月一日の御文《ふみ》、同二十日《はつか》あまりに、たしかに見《み》候いぬ。何よりも、殿の御往生《おうじょう》、中々、はじめて申すにおよばず候う。山を出《い》でて、六角堂に百日こもらせ給いて、後世《ごせ》を祈らせ給いけるに、九十五日のあか月、聖徳太子《しょうとくたいし》の文《もん》をむすびて、示現《じげん》にあずからせ給いて候いければ、やがてそのあか月、出《い》でさせ給いて、後世の助からんずる縁にあいまいらせんと、たずねまいらせて、法然上人にあいまいらせて、又、六角堂に百日こもらせ給いて候いけるように、又、百か日、降《ふ》るにも照《て》るにも、いかなる大事にも、参りてありしに、ただ、後世の事は、善き人にも悪《あ》しきにも、同じように、生死《しょうじ》出《い》ずべきみちをば、ただ一筋に仰せられ候いしをうけ給わりさだめて候いしかば、上人のわたらせ給わんところには、人はいかにも申せ、たとい悪道《あくどう》にわたらせ給うべしと申すとも、世々《せせ》生々《しょうじょう》にも迷いければこそありけめ、とまで思いまいらする身なればと、ようように人の申し候いし時も仰《おお》せ候いしなり。

（『恵信尼消息』真宗聖典六一六頁）

これは、親鸞聖人が亡くなられたということを、新潟におられる恵信尼公が、娘の覚信《かくしん》尼公《にこう》から聞かれて、そして、娘の覚信尼公に対して、父である親鸞聖人について語られているお手紙です。それで、このお手紙を見ますと、「後世を祈る」とか、「生死出ずべきみち」というような言葉で、親鸞聖人がずっと問うておられた問題が語られているように思うのです。

では、「生死出ずべきみち」という言葉で語られる問題は、いったいどういう問題なのか、このことを考えるのに、やはり恵信尼公のお手紙を見てみたいと思います。

善信《ぜんしん》の御房、寛喜《かんぎ》三年四月十四日午《うま》の時ばかりより、風邪《かざ》心地すこしおぼえて、その夕《ゆう》さりより臥《ふ》して、大事におわしますに、腰・膝をも打たせず、天性《てんせい》、看病人をも寄せず、ただ音もせずして臥しておわしませば、御身をさぐれば、あたたかなる事火のごとし。頭《かしら》のうたせ給う事もなのめならず。さて、臥して四日と申すあか月、苦しきに、「今《ま》はさてあらん」と仰せらるれば、「何事《なにごと》ぞ、たわごととかや申す事か」と申せば、「たわごとにてもなし。臥して二日と申す日より、『大経《だいきょう》』を読む事、ひまもなし。たまたま目をふさげば、経の文字《もんじ》の一字も残らず、きらかに、つぶさに見ゆる也。さて、これこそ心得ぬ事なれ。念仏の信心より外《ほか》には、何事か心にかかるべきと思いて、よくよく案じてみれば、この十七八年がそのかみ、げにげにしく『三部経《さんぶきょう》』を千部読みて、衆生利益《すぞうりやく》のためにとて、読みはじめてありしを、これは何事ぞ、自信教人信《じしんきょうにんしん》、難中転更難《なんちゅうてんきょうなん》とて、身ずから信じ、人をおしえて信ぜしむる事、まことの仏恩《おん》を報《むく》いたてまつるものと信じながら、名号《みょうごう》の他には、何事の不足にて、必ず経を読まんとするやと、思いかえして、読まざりしこの、さればなおも少し残るところのありけるや。人の執心《しゅうしん》、自力《じりき》の心《しん》は、よくよく思慮《しりょ》あるべしと思いなして後は、経読むことは止《とど》りぬ。さて、臥して四日と申すあか月、今《ま》はさてあらんとは申す也」と仰せられて、やがて汗垂《あせた》りて、よくならせ給いて候いし也。

『三部経』、げにげにしく、千部読まんと候いし事は、信蓮房《しんれんぼう》の四の年、武蔵《むさし》の国やらん、上野《かんずけ》の国やらん、佐貫《さぬき》と申す所にて、読みはじめて、四五日ばかりありて、思いかえして、読ませ給わで、常陸《ひたち》へはおわしまして候いしなり。信蓮房は未《ひつじ》の年三月三日の昼、生まれて候いしかば、今年は五十三やらんとぞおぼえ候う。

（『恵信尼消息』真宗聖典六一九頁）

このお手紙の、寛喜三年四月十四日に（親鸞聖人が五十九歳のとき）親鸞聖人は越《えち》後《ご》へ流罪《るざい》の後、関東の地へ向かわれます。そして、関東へ向かわれる途中、ちょうど今の群馬県と茨城県の境だといわれますが、佐貫という所で、「この十七八年がそのかみ、げにげにしく『三部経』を千部読みて、衆生利益のためにとて、読みはじめてありしを」とありますように、もっともらしく浄土三部経を千回読んで、苦悩する衆生を救おうとされたということがあるのです。これは親鸞聖人が四十二歳のときです。そして、今度は五十九歳ですから、十七、八年たっているのです。親鸞聖人は六十歳をこえて京都に帰られたといわれていますから、京都に帰ろうとされる少し前のことです。風邪で臥せておられるときに、やはり『大無量寿経《だいむりょうじゅきょう》』を読んでおられるということがあるのです。

私はこういう親鸞聖人のなさったことを語る文にふれて、人間の苦しみとはいったい何かということを思うのです。

人間の苦しみとは

私自身、今までずっと生きることに何かやりきれなさを感じるというか、生きることが苦しいという、そういう情況の中で、その苦しみからどうしたら救われるのか、どうしたら、それこそスカッとした、生きることそのことを喜べるような生き方ができるのかと、(かなり気分的なかたちではありましたが)問うてきたことがありました。その中で、金沢に行き、そこで学生時代を過ごすうちに、親鸞聖人の教えを生きておられる人たちに出会うということがあったのです。そのことが一つの大きなきっかけになって、私自身にも親鸞聖人の教えを学ぶということがおこってきたのです。そのとき、「人間の苦しみとはいったい何なのか」という問いを持つようになりました。

それこそ親鸞聖人は、人生を「難度海《なんどかい》」と言われておりますが、生きることがたやすくないのです。そこにどうしても人間の苦悩というか、苦しみということがあるのです。ただ私たちは、その苦しみがどこからくる苦しみなのかということがよくわからない。ただ苦しいという直接的な感覚というものがあっても、その苦しみというものがどこからくるのか、そして、どういう苦しみなのかということが、なかなかわからないということがあります。

先日、学院の卒業生の方が自殺されたということをお聞きしたのですけれども、こういうことを聞きますと、私は自分のことと重なってしまい、たまらなくなるのです。というのも私自身、大谷専修学院に入るその年の正月に、自殺未遂をしているのですが、それこそ人は生きることの苦しさから逃れるためには、自分の生命すら絶とうとするということもあるのです。では、その苦しみというのはどこからくるのでしょうか。

名号が語る生き方

親鸞聖人は、目の前でさまざまに苦悩する生を生きている、そういう人たちを救おうとして、浄土三部経を千回読もうとされた。つまり、お経の持っている功徳《くどく》によって、衆生の苦しみを救おうとされたということです。ところが、経を読むことを止《や》められた。そして、そのときの言葉が、「名号の他には、何事の不足にて、必ず経を読まんとするや」というお言葉なのです。

みなさんにも、日々の生活の中で、南無阿弥陀仏という本願《ほんがん》の名号と、自分との関係を考えていただきたいと思いますが、親鸞聖人は南無阿弥陀仏という本願の名号がすべてなのだと言われるのです。日々の生活を具体的に生きるというところには、いろいろな問題があります。特に現代という時代は、私の感じるところでいえば、信頼関係が利害関係によって全部やぶられていくということです。

利害関係の前に親子の関係とか、夫婦の関係とか、兄弟の関係とか、そして、友だちの関係とか、そういう一番身近なものが一番遠いということになってしまうということがおこっています。新聞記事を見ますと、家庭でさまざまな殺人事件が起こっています。もちろんこのことは現代だけのことではなく、『仏説観無量寿経《ぶっせつかんむりょうじゅきょう》』に説かれるマガダ国、王舎城《おうしゃじょう》で起こった出来事もそういうことです。

親と子が殺し合うという、そこにあるのは、人間が持つ問題、人間が自我というものを持っていることの課題です。一番身近な者を殺そうとするという、これは本当に他人事ではないと思うのです。こういう事件に、どうしても私は、目がとまるのです。利害関係の前に信頼関係が全部やぶれていき、一番身近な者が一番遠い者になる。そして、一人ひとりが本当にバラバラになってしまうという、そういう時代状況があることを教えられます。

では、そういう時代状況の中で、この「名号の他には、何事の不足にて、必ず経を読まんとするや」というお言葉がどう響いてくるのかということです。

本願の名号ひとつ、南無阿弥陀仏がすべてなのだと。だから南無阿弥陀仏という本願の名号が語る生き方と、そして、経を読もうとする、その形で象徴される生き方の差異というものがあると思うのです。それで、そういうことを視野にいれながら、人間の苦しみとは何か、何が人間の苦しみであり、そして、その苦しみの因《いん》は何か。なぜ苦しいのか。そういうことを問題にしてみたいと思います。

私たちのすがた

一切恐懼《いっさいくく》　為作大安《いさだいあん》　　（真宗聖典一二頁）

【一切の恐れおののくもののために、大いなる安らぎ手となりたい】

これは『大無量寿経』の「嘆仏偈《たんぶつげ》」に出てくる言葉ですが、法蔵菩薩《ほうぞうぼさつ》がなぜ本願を発《おこ》されるのかを宣言されるところです。そこに、願を発した法蔵菩薩から見られた、この世を生きる私たちのすがたが、〝恐れおののきながら生きるもの〟であると語られているのです。

「三誓偈《さんせいげ》」では、

我於無量劫《がおむりょうこう》　不為大施主《ふいだいせしゅ》　普済諸貧苦《ふさいしょびんぐ》　誓不成正覚《せいふじょうしょうがく》　　（真宗聖典二五頁）

【私ははかり知れない時において、さまざまなかたちの貧しさの中で苦しむもののために、大いなる施し手となると誓おう】

とあります。

ここでは、私たちは〝さまざまなかたちの貧しさに苦しむもの〟とあり、「一切恐懼」と「諸貧苦」という二つの言葉をもって、この世を苦悩しながら生きる者のすがたがおさえられています。だから、どんな者も、恐れおののいて生きる者であり、そして、さまざまなかたちの貧しさで苦しむ者、それがこの世を生きる者のすがたであるというわけです。

もちろん仏教は、苦のすがたを「四苦八苦《しくはっく》」、あるいは「三苦《さんく》」という言葉で整理していますが、私は直接的な感覚として、この二つの言葉で語られていることの方がピンとくるわけです。いつでも何となく不安で落ち着かない、何かこれでよしといえない。

何か満ち足りるということがない。そういう私たちのこの世を生きるすがたを、「一切恐懼」、「諸貧苦」という二つの言葉がよく語っているように思うのです。

そして、こういう二つの言葉が手掛かりになって、初めて「五怖畏《ごふい》」ということが自分のところに具体的になってきたのです。

五つの畏《おそ》れ

仏教は、人間の畏れを五つに整理しています。龍樹菩薩《りゅうじゅぼさつ》の『十住毘婆娑論《じゅうじゅうびばしゃろん》』では七怖畏ということで、七つになっておりますけれども大体五怖畏です。つまり、不活《ふかつ》畏《い》・死畏《しい》・悪道畏《あくどうい》・大衆威徳畏《だいしゅういとくい》・悪名畏《あくみょうい》です。この五つが、我々の畏れとして教えられているのです。

特に生活不安としてある「不活畏」というのは、現代という時代においても、非常に大きな問題だと思います。もちろん、その一番もとには「死畏」という、死に対する畏れがあります。

そして、「悪道畏」というのは〔悪道というのは三悪道《さんまくどう》（地獄《じごく》道・餓鬼《がき》道・畜生《ちくしょう》道）を指します〕今の生活がいつ苦しい生活に変わるかもしれないという畏れ、未来に対する不安ということだと思います。現在の生活を一応は喜べる、ところが、この先どうなるかわからない。これはいろいろな状況が考えられますが、まさに保険事業などがはやるのは、悪道畏ということがあるからでしょう。一家の主が亡くなるとどうなるかわからないという、そういう畏れです。

そして、「大衆威徳畏」。私は、この大衆威徳畏というのは、大勢の人の前に立つとあがってどぎまぎしてしまうということだと思っていたのですが、それだけではないですね。大衆威徳畏というのは、自分の思うところを、これが正しいのだと、そのまま語ることができないということです。自分以外のみんながこうだと言っていることに対して、それはおかしいのではないかと、一人で言うことができない。だから、そこにはいつでも自分の思うところを語り、そして、それについて自分自身が責任をとっていくことができないというようなこともあるのではないかと思います。

「悪名畏」というのは、読んで字の如く、自分の名が人から悪く言われることについての畏れです。このことは、源信僧都《げんしんそうず》の『往生要集《おうじょうようしゅう》』下巻に、「名利」が「出離の最後の怨《あだ》」であるという言葉が出ていますが、仏道において最後の問題は名利だといわれているのです。法然上人は、仏道を歩む者には剃り捨てるべき三つの髻《もとどり》（名聞《みょうもん》・利《り》養《よう》・勝他《しょうた》）があると教えておられますが、そのことからいえば、名聞と利養です。そこに、「わが名」の持つ大きな意味があるのです。

私たちの「わが名」には、自分自身の存在がかかっていますから、その名が人にどう評価されるか、どう受け取られるかということは、大変なことです。その問題にふれていきますと、『往生要集』では、大きな象が窓から出ようとするとき、体はくぐることができるのに、尻尾だけがぬけ出られないと。そういう譬《たと》えをあげて、仏道における最後のさまたげというか、最後の問題は、名利なのだということが語られています。そこに、「わが名」というものが象徴している問題を感じます。何々家の墓という、お墓の問題も、やはりどこで自分の存在証明をするかという、自分が生きていたということを、どういう形であらわすのかという問題です。

我々の名というのは、自分の存在そのものですから、単なる名称ということはなく、名が、ある意味ではすべてなのです。名がないということは、存在しないということです。私なら、「中川皓三郎」という名がすべてなのです。だから、自分がどういう者として、この世間で受け容れられているかということは、その名が、どういう風にみんなから取り扱われているかということにかかっているのです。だから、どうしても自分の名というものにこだわる。自分の名が出ると、気恥ずかしい思いをしながらだけれども、ほこらしげな気持ちになるということだってあるのです。私にとっては、そういうことです。

この五怖畏の中で、私にとって一番大きな問題は、実は不活畏の問題です。私にとって、この不活畏という、生活の不安、つまり、食べていけるかどうかということは、身にしみる一つの大きな心配でした。

私自身は、お寺の生まれでなく、大阪の下町の小さな会社を経営する家庭に生まれました。具体的には、大きな会社の下請けだったのです。そして、両親の生活するすがたをとおして、食べていくということが、どれだけ大変なことなのかということが、理屈ぬきに体にしみついているのです。

私の父親は、十二月三十一日の大晦日の日になると、私たち子どもを前にならべて、会社の名は中川工業所というのですが、中川工業所の、この一年間の売り上げはいくらで、借金はどれだけで、どれだけの儲けがあったかということを語り、そして、とにもかくにも、この一年間やっと食べられたと。従業員の方も何人かおられるのですけれども、その従業員の家族の人たちと我々家族が、とにもかくにも食べることができたということを、子どもに語っていたということがあります。

だから、どうしても私にとっては、この五つの怖畏の中で一番大きい問題は、不活畏という問題なのです。

お金の持つ性質

現代は、信頼関係が利害関係にやぶられている時代だと思います。現代という時代を生きる者にとっては、経済的に一応豊かな人も、また、経済的には貧しく苦労しておられる人もふくめて、お金が象徴しているものは、非常に大きいと思います。

これはある先生に聞いたことなのですが、現代の新興宗教が説く人間の苦しみのすがたというのは、「貧・病・争」で表せるのだそうです。貧しさと病と争いです。経済的に豊かでないこと、そして、健康が思わしくないこと、そして、家庭の中がうまくいかない、人間関係がうまくいかないという、こういう三つの言葉で、現代を生きる人の課題がおさえられています。

つまり私たちは、お金がないことが苦しみの原因なのだと考えているのです。生きることそのことを喜べないのは、お金がないからだと。

たとえば、みなさんが乗っておられる車がありますね。それぞれの事情で、いろんな車が選ばれていると思いますが、私はやっぱりクッションの悪い車よりもクッションのいい車がいいと、乗ってみたら身が感じますね、理屈なしに。長距離を走るということになると、余計にそう思います。食べ物でもそうでしょう。つまり、どっちが美味しいかということは、体が知っているわけです。だから、瞬間にいい方を選ぶわけです。

これは歯医者をしている私の弟のことですが、ある時期、非常に豊かで、私が遊びに行くと、「ご飯食べに行こうか」と言って、私ではとても行けそうもないお店へ連れて行ってくれたのです。これは、私自身の味覚が、それほど洗練されていないからかもしれませんが、やっぱり、材料のいい物は美味しい。そして、それはただちに値段が高いということです。だから、私なら、「おい行こうか」と簡単には言えないわけです。ところが、お金があると、「おい行くぞ」と、スーッと行けるんです。お金には、ものすごい魅力があります。

マルクスは、シェークスピアの言葉を使って、お金は、「目に見える神」なんだと言っています。つまり、一番はっきり御利益が出てくるというわけです。何かあるともないともわからないような神さんに向かって、自分の願いをかなえてくださいとたのむよりも、お金があったらたちまちに願いがかなえられる。だから、「目に見える神」だと。そして、お金の持っている性質は、「全能」、つまり、何でもできるということだと、そのようにも言っています。

豊かさとは何か

また、イギリスの経済学者であるシュマッハーという人は、『人間復興の経済』（佑学社）という本の中で、私たちは、ただがむしゃらに豊かになろうとして生きてきたのだが、では、その〝豊かさ〟とは何だと、どう定義できるのかと問うておられます。

普通私たちは、豊かさとは、持ち物の量、どれだけたくさんの物を持っているかということで見ていると思います。だから、持ち物が増えるということは、自分の満足度が増えるということであり、持ち物が少ないということで、自分の生きることそのことが喜べないということもあるのです。しかし、そこでシュマッハーは、こういう言葉で問いかけておられます。

まず吟味すべき問題は明らかに、「行き渡るべき十分な富はあるか」ということである。ここで直ちに逢着する深刻な難問は「十分な富」とはいったいなにか、いったい誰がわれわれにそれを教えてくれるのか、という点である。「経済成長」をすべての価値の至高のものとして追求し、したがって「十分」という概念を持たないエコノミストが、これを教えてくれないことは確かである。あまりにも少ない富しか持たない貧しい社会は存在するが、「止まれ、もう十分だ」という富める社会はどこにあるのだろうか。どこにもありはしない。

今から何代も前の日本の首相ですけれども、池田勇人《はやと》という人がいました。その人は「所得倍増計画」ということを自らの政治的課題としてかかげて首相になられたのですが、その人のことが忘れられないのです。みなさんはどうですか。私ぐらいの年齢より上の人は、この所得倍増計画という言葉をよく覚えておられると思います。私自身、当時この所得倍増計画という言葉に、ものすごいバラ色を感じました。つまり、単純に今持っている物が二倍になるのだと。

その時代には、私たちの誰もが車を持てるというようなことは想像できませんでした。私は、自分が初めて飛行機に乗ったときの印象をはっきりと覚えていますが、飛行機なんて一生乗れないものだと思っていましたし、まして外国へ旅行するというようなことは、よほどのことでなかったらできないと考えていました。そういう状況の中で、所得倍増計画という言葉は、何と表現していいかわかりませんが、これからの自分の生活というものが、何か明るいと感じたことを覚えています。そうでしょう、本当に単純に今自分が持っているお金が二倍になるのだとすると、今までこれだけのお金しかなかったからできなかったことが、簡単に実現できるようになるのだということです。そして、日本はそれからずっと高度経済成長ということで、本当に豊かになっていったのです。

では、そのことの中で、「十分な富」とはいったい何か、と。それは、今を生きている我々にとって、いよいよ大切な問いだと思います。

シュマッハーは、「あまりにも少ない富しか持たない貧しい社会は存在するが、「止まれ、もう十分だ」という富める社会はどこにあるのだろうか。どこにもありはしない」と語っています。つまり、シュマッハーは、「十分な富」ということを、「止まれ、もう十分だ」と、「もういらない」と言えるところにしかないのだというのです。豊かさは、量の問題ではないのだと。

我々は、たとえば車があるのかないのか、どんな車に乗っているのか、家が大きいのか小さいのか…、そういう自分の持ち物の豊富さを、豊かさの象徴のように感じているのです。ところが、シュマッハーは、豊かさは、「止まれ、もう十分だ」と言えるところにあるのだというわけです。つまり、どれだけ人が羨《うらや》ましがるほどたくさんの物を持っていても、まだ足りない、まだ欲しいと、こう思って生きている人は、実は貧しいのだということですね。たとえば、百万円のお金を持っていても、まだ足りない、もっともっとという人は、貧しいということです。逆に、たとえ一万円であっても、これで十分だと言える人は、非常に豊かだということです。だから、豊かさとは、量から質へというか、その人の生活姿勢の内容の問題であるということになります。どうでしょうか。そのことが、我々のところにスーッと入ってくるかどうかです。

我々自身が相対有限なものだということ、我々自身が絶対なものでないということ、そのことが持つ厳粛な意味ということを思います。私たちは、いろいろなことを思ったり、いろいろなことを言ったりしていますが、それは、ある限られた状況の中で意味を持つことであって、また、違うところへ行ったら、その意味するところが変わるということがあります。

たとえば、単純なことなのですが、私自身は髪の毛が薄いのですが、三番目の弟は髪が真っ黒でふさふさしているのです。だから髪の悩みもないかといえば、そうではなく、弟は逆に、髪の毛が真っ黒でふさふさしている者は、ガンという病気になりやすいと人に聞いて、心配しているのです。我々は、ある事柄について嫌だ、困ったことだと悩むのだけれども、そのことは、ある条件のもとでのみ言えることで、いつでもある困ったことではないということです。

背が高いとか低いとかということもそうでしょう。高い人は、背をかがめなければならない悩みもあるのです。だから、我々が相対有限であるということ、生まれたからには死ぬということ、それは非常に大事なことなのです。そのことが大事だということは、相対有限であるということの持っている意味を本当に知らないと、我々は、さまざまな尺度で振り回されてしまうのではないかと思うのです。

だから、お金があることによって苦しむということもあるし、ないことによって苦しむということもあるのです。あるからいい、ないから悪いと、単純には言えないのです。ここのところは、本当に大事にしなければならないことだと思います。私たちは、一つの尺度で考えてしまいますが、「凡夫《ぼんぶ》」という言葉で教えられていることは、私たちは、どこまでも相対有限であって、不十分だということです。それは何か足らないということではなく、それですべてなのだということだと思います。一つの尺度では、絶対にはかれないのだということではないでしょうか。

豊かさとは、量の問題ではないのだということです。つまり、自分が自分であることに、これでよしと言えるかどうかという問題だということです。シュマッハーの言葉では、「止まれ、もう十分だ」と、こう言えるところに、実は、本当の豊かさがあるのだというわけです。

貪欲《とんよく》の心

では、どこで我々は、「止まれ、もう十分だ」と言えるのでしょうか。

龍樹菩薩は、『十住毘婆娑論』の中で、我々の心というものを、次のような言葉で語っています。

若し貧窮《びんぐ》の者有って、　但《た》だ衣食のみを求む。
既に衣食を得已《おわ》って、　復た美好の者を求む。
既に美好の者を得れば、　復た尊貴を求む。
既に尊貴を得已って、　一切地に王たらんことを求む。
設《たと》い王地を尽すことを得とも、　復た天王たらんことを求む。
世間の貪欲の者は、　財を以って満たす可からず。

敗戦後の日本の状況を、この言葉は見事に言い当てているのではないかという感じがします。つまり、貧しさの窮《きわ》みの中に生きる者は、ただ食べる物さえあればいい、ただ着る物さえあればいいと思って、一所懸命食べる物、着る物を求める。ところが、食べる物、着る物が手に入るようになったら、今度は、美味しい物を食べたい、美しい物を着たいということになる。そうでしょう。いつでもある状況の中で、ちょっとでも今以上の者になりたい、と。そして次に、人は美味しい物を食べられるようになり、美しい物を着られるようになったら、今度は尊敬されたいと思う。つまり、社会的に名のとおった者になろうとするのです。「尊貴を求む」とは、一応社会的に、地区なら地区で、長と名のつく者にあこがれるということだと思います。それでその地区で誰も、その人を無視できないような力を蓄えたと。すると、今度は王様になりたいという。そして、次に全宇宙を支配する者になりたいと、こうなるわけです。

龍樹菩薩は、この世間を生きる我々を、「世間の貪欲の者」といい、そして、この世間を貪欲の心、貪《むさぼ》り求める心で生きるかぎり、「財を以って満たす可からず」とあるように、この世の何ものによっても、満たされることがないのだと、教えてくださっています。

我々は、今よりもいい車に乗れたら満足すると思っている。月十万円の生活をしている者は、三十万円になったら満足すると思っているのです。だから、十万円の生活を、どうしたら三十万円の生活にすることができるかということで、一所懸命やっている。ところが、三十万円になったら、今度は五十万円あったらいいなぁと思うようになる。そして、五十万円になったら、今度は百万円あったらいいなぁと思うのです。

つまり、この世間を生きる我々の心というものは、これでよしと言えないものであり、いつも不足を感じる心なのだということです。何か、もっともっという心をわが心として生きている。だから、これでよし、もう十分だと言えないのは、量が足らないから、お金がないからではなく、実は、貪欲の心をわが心として生きているからなのだということです。どれだけ、人との比較の中で豊かであっても、貪欲の心をわが心として生きるかぎり、これでよしということはないというのです。

そういうことで、さまざまなかたちの貧しさに苦しむということの因は、貪欲の心ということになります。こういう龍樹菩薩の言葉にふれたとき、私はハッと思ったのですが、みなさんはどう思われますか。どれだけいい家に住んでも、どれだけ快適な車に乗っても、どれだけ美味しい物を食べても、どれだけ美しい物を着ても、貪欲の心をわが心として生きるかぎり、これでよしと言えない、いつでも、どこかに不満があるということなのです。

人間の深い欲求

龍樹菩薩は、また、

若《も》し足ることを知らざる者は、設い世間に満つる財物を得るとも意猶《な》お足らず。

(『十住毘婆娑論』)

ということを言っています。我々が、貪欲の心をわが心として生きるかぎり、全世界の宝物が私の物になっても、なお満足しないのだと。それが実は我々の心なのだというのです。そして、そのことのもう一つ大きな意味は、人間には、「設い世間に満つる財物を得るとも意猶お足らず」とありますように、この世の、どれだけの物を自分の物としても、なお満足できない欲求があるのだということです。

今あることに満足しないで、もっともっとという心は、確かに貪欲の心だと。しかし、そういう貪欲の心をとおして、実は、もっと深い人間の欲求があらわれているのだというのです。この世の何ものによっても、満たされない欲求を、我々一人ひとりが持っているということです。いい車に乗ったり、いい家に住んだり、経済的に豊かになるということは、それはそれで結構なことなのだけれども、だからといって、これでいいというような、そんなうすっぺらなところで、我々は生きているのではないのです。

信國先生は、よく、人間というのは深い存在なのだと。我々が思っている以上に、人間というのは、深いのだと言っておられたことを思い出すのですが、では、この世の何ものによっても満たされることのない、我々の欲求とは、いったい何かということです。清沢満之先生が、「人心の至奥《しおう》より出づる至盛の要求の為に宗教あるなり」と言われている、その要求です。そして、そのことは、先ほどの「止まれ、もう十分だ」と言うことのできるものは、いったい何かということです。

お金によっても解けない問題

お金というものについて、マルクスが『経済学・哲学草稿』の中で「貨幣」ということを語っている言葉を手掛かりに、少し考えてみたいと思います。

マルクスは、

貨幣は、すべてのものを買うという属性をもち、すべての対象を我がものにするという属性をもっているから、したがって貨幣は優れた意味における対象である。貨幣の属性の普遍性は、それの本質が全能だということである。

（『経済学・哲学草稿』光文社）

と語り、そして、

貨幣が買うことのできるもの、それは、貨幣そのものの所有者たる私である。

（同前）

と語っているように、お金で何が買えるかというと、〝自分〟が買えると言うのです。
自分が買えるということは、自分がああなりたい、こうあってほしいという、その自分を買うことができるということなのです。

そのたとえとして、マルクスは、足が悪いとするなら、六頭だての馬車を買えばいいと言います。すると自分の足に代わる物が買えるというわけです。そして能力がないということなら、能力のある人を雇えばいいと言うのです。誰も、その人を能力のない人だとは言わないだろうと。

また、こういう言い方もしています。

私は邪悪な、不正直な、不誠実な、才智のない人間である。しかし貨幣は尊敬される。だからその所有者も尊敬される。貨幣は最高の善である。だからその所有者も善良である。そのうえ、貨幣は私に不正直なことをする苦労を免じてくれる。したがって私は正直者だと想像される。

（同前）

と。それゆえに、

この私は、人間的心情が渇望する一切のことを、貨幣を通じてなしうるのだから、私は一切の人間的能力を所持しているのではないか！　こうして私の貨幣は、私の一切の無能力をその反対のものに変ずるのではないか。（同前）

と、このように、お金というのは、現在の自分自身にとっていちばん都合の悪い、嫌だと思っている自分を反対の自分にしてくれるのだというのです。だから、お金があるということは、ああなりたい、こうなりたいと思っている自分自身が買えるということなのです。そうなると、お金が非常に魅力を持ってくるわけです。

では、みなさんも考えてほしいのですが、お金で買えない物とは何でしょうか。心だとか、愛情だとかという言葉で語られていますが、どうでしょう。本当に、お金で買えない物、お金によっても解けない問題って何だろうか。このことがはっきりしていないと、何億というお金を積まれたら、よっしゃ、よっしゃということになってしまうかも知れません。私自身、あぶないなぁと思います。

マルクスの言葉で考えれば、問題は、なぜお金が必要なのかといったら、反対の自分にならなければならないからでしょう。つまり、現在の自分と違った者にならなければならないからです。しかし、そういう自分は嫌だと言っている心は、お金では解けないのです。

二つの生き方

先ほどのシュマッハーという人の言葉に、「止まれ、もう十分だ」というものがありましたが、どんな自分であっても、「これでよし」と言えた人は、別の自分になる必要がないのだから、お金がなくてもいいのです。なくてもいいということの意味は、少しもいらないという意味ではなく、これでいいと言える人は、別な自分に変わる必要がまったくないのだから、お金といっても大きな力を持たないということです。こんな自分を嫌だと言っている人だけが、別な自分にならなければならないわけだし、そして、別な自分になるためには、お金というものが非常に大きな力を持ってくるのです。

するとどうなるかというと、いちばんもとにある問題は、自分が自分と〝一つ〟なのか、それとも、自分が自分と切れているのかどうかという問題になってきます。つまり、人間というのは、「間《あいだ》」においてあるもの、間において人間というものがあると教えられていますが、間とは、自分と自分の間、自分と他人との間ということですが、その間がどうなっているのかという問題になってくるのです。

先に、龍樹菩薩が、「若し足ることを知らざる者は、設い世間に満つる財物を得るとも意猶お足らず」、「世間の貪欲の者は、財を以って満たす可からず」といった言葉で、この世間を、貪欲の心をわが心として生きる者は、全世界の物がその人の物になっても、満たされない、これでよしと言えないのだと言っていることは、つまり、我々自身が、この世の何ものによっても満たされることのない欲求を持っているということだと述べました。このことは、実は、この「間」ということに関わった問題ではないのかと思うのです。先ほどのところで言えば、現在の自分が嫌だという、そして、自分の望ましいと思う自分になろうとする。すると、自分と自分との間が引き裂かれて、そこに溝ができてしまうのです。そして、その溝を自分が望ましいと思う自分になることによって、埋めようとする。象徴的にいえば、そこに、お金をそそぎこむということでしょう。

それで、この世の何ものによっても満たされないということは、自分と自分との間に裂けめがあるということであり、自分と他人との間に裂けめがあるということです。だから、我々人間の、いちばん深い欲求は、自分と自分、自分と他人との間の裂けめを修復して、〝一つ〟になりたいという欲求なのではないでしょうか。

自分と自分との間に裂けめがあるかぎり、いくら経済的に豊かになり、力をもって、どれだけ別なかたちの自分自身を装っても、いちばんもとにある自分と自分との間の裂けめというものは解けない。お金と力によってはまったく解けないということです。現実にある自分自身を嫌だといっているその心自身は、人からどれだけ褒められても、人からどれだけ自分の思ったように見られても、そういう人の目を最終的に信ずることはできないでしょう。自分をどれだけ美しく装っても、嫌っている自分のすがたというものを、自分自身が知っているのですから。人をだますことはできるけれども、いちばんもとにある、自分自身を嫌だと言っている、その自分自身をだますことはできないのです。

私は散髪屋さんへ行くと、そこの主人に「あなたの禿げ方は、かつらにいちばんふさわしい」と、いつもかつらを買うことをすすめられます。もし、私がかつらを買ってそれをつけていれば、人をだますことはできるかもしれません。しかし、自分が禿げているということを知っている、自分の心をだますことはできないのです。どんなに立派なかつらを装ってもだめでしょう。自分を自分がだますことはできない。だから、私たちは、いつもばれることをおそれなければならないということになります。

たしかにお金によってある程度は何でも買えます。理想とする自分自身さえも手に入れることができるのでしょう。しかし、自分を自分が嫌だと言っているかぎり、その裂けめを何ものによっても、埋めることができないということです。「これでよし」と、こういう自分でよしと言える心だけが、自分と自分との間に裂けめをつくらない心であるがゆえに、この世の何ものによっても満たされない欲求を、よく満たすことができるというわけです。

このように、不活畏の問題をとおして確認できることは、私たちには二つの生き方があるということです。一つはお金と力が象徴する生き方、つまり、自分と自分との裂けめ、自分と他人との裂けめというものを前提にして、それを別な何ものかによって埋めようとする生き方。そしてもう一つは、裂けめがあるかぎり、その裂けめを何ものによっても、満たすことができないことを知って、裂けめを生み出す心それ自身をひるがえして、「これでよし」とよく言いうる者となって生きる生き方です。

そういうことから言えば、私たちを苦しめる本当の原因は、お金がないということではなく、「これでよし」と言うことのできない、自分と自分の間に、そして、自分と他人との間に裂けめをつくる、私たちの心であるということなのです。

第二章　苦の構造

「一」の獲得

仏教の「慈悲」ということを説明する言葉に「抜苦与楽《ばっくよらく》」、苦を抜きて楽を与えるというものがあります。宗教のもつはたらきは、この抜苦与楽という言葉で語ることができるように思います。だから、私たちが自分のこととして具体的に宗教というものにかかわりをもとうとするとき、そこには、自分が生きていることに、苦を感じるということがあって、その苦から解放されたい、楽といわれるような生き方を実現したいと思う。そういうことが、一つの動機となるということがあると思います。

そして、私たちが自らの苦というもののすがた、あるいは苦の因というものをどう見るかによって、実は、さまざまな宗教が存在することになります。そして、おそろしいことに、その苦の因を間違ってとらえると、本来は人間を苦から解放するはずの宗教によって、逆に私たち人間が迷うということも起こってくることになります。だから、私たちが自らの苦から解放されたいと思うとき、その苦の原因を正しく見るということが、本当に大切なことなのです。

先ほどから不活畏の問題をとおして考えていることは、本当のところ、人間の苦のすがたとはいったい何であり、その苦の因は何かということなのです。普通、私たちはお金がないということが、苦の原因であると考えます。つまり、お金のあるなしが、自分の生きることの苦楽を決定すると思っています。それは、能力についてもそうですし、環境についてもそうですけれども、結局いつでも自分の外にある何かが、自分を苦しめるものだと考えているのです。そして、その苦の因を逆転させることによって、自分の生きることを楽なものにしたいと思っているのです。

ところが、先に紹介したように、龍樹菩薩が『十住毘婆娑論』の中で、「若し足ることを知らざる者は、設い世間に満つる財物を得るとも意猶お足らず」、「世間の貪欲の者は、財を以って満たす可からず」と語っているように、不活畏の原因は、量の問題ではなく、何をわが心として生きているのかという主体の問題なのです。つまり、貪欲の心をわが心として生きるかぎりは、どれだけ恵まれた、結構な状態にあっても、これでよしとすることができないということになるのです。そして、そのことの意味するものは、私たちには、この世の何ものによっても満たされることのない欲求があるということです。

では、生きていることを貫いてある私たちの欲求は何か、ということですが、それは、「一（いち）」を獲得したいということです。自分と自分との間に、そして、自分と他人との間に、「一」を獲得したいということです。自分と自分が一つにならない、自分と他人が一つにならないということが苦ということなのです。

浄土真宗とは、浄土こそ真実の依り処であるという意味です。その浄土について、『教行信証《きょうぎょうしんしょう》』の「真仏土巻《しんぶつどのまき》」で「無量光明土《むりょうこうみょうど》」と言われておりますように、「光の世界」であると言えます。そして、もう一つは、『仏説阿弥陀経《あみだきょう》』の「倶会一処《くえいっしょ》」

という言葉であらわされる世界であると言うことができるのではないかと思います。ここでは、この二つの言葉でおさえておこうと思います。そして、「浄土とは、人間の問題に応えている」のだという信國先生の言葉を合わせて考えると、人間の問題に応えている世界が、「光の世界」であり、「倶会一処」という言葉であらわされる世界であるということになります。つまり、人間の問題は、この「光の世界」とか、「倶会一処」という言葉であらわされることと、まったく反対なところにあるということです。

光の世界

光というのは、当たり前のことですが、〝ものが見える〟ということです。そして、ものが見えるということは、見えたままに、ものが受け取られているということです。先に言った、自分が自分と一つにならないということで言えば、自分が自分自身を受け取ることができないということ、自分の中に隠さなければならない自分というものを持っているということです。これが自分だということは、知っているけれども、その自分を公開できない、つまり、見られないのです。それが、暗いということ、光がないということです。

浄土は、「光の世界」であるということをとおして、実は、私たち人間の問題は、コンプレックスなのだということが教えられます。劣等感からどう解放されるかという問題です。

あるとき、高校生の人たちと学ぶということがあったのですが、その中で、教えてもらったことの一つは、どんな人もコンプレックスを持っているということでした。普通、コンプレックスといったら、能力のない人だけが持つと考えているのですが、ところが、聞いてみると誰でも持っているのですね。コンプレックスということは、自分は自分なのだけれども、その自分を受け取ることができないという問題です。たとえば、お寺に生まれて、お寺で生活している者が、お寺にいることを受け取れないということであれば、お寺にいることは、暗いことです。明るくならない。逆に、自分が自分と一つになっている生き方というのは明るいわけです。

私の場合は、特に、花とか、子どもたちのすがたというものをとおして、そういうことを教えられるということがありました。花とか、赤ん坊は、無条件に自分を自分としているわけです。私の娘が生まれたときのことですが、初めて子どもを新生児室で見たとき、やはり、髪の毛があるかどうかということが、目にすぐはいってくるのです。ところが、赤ん坊は、髪の毛がうすいといって悩んでいないですね。親である大人が悩んでいるのです。赤ん坊は、喜々として自分が自分でありえているわけですから、明るいのです。

だから、コンプレックスは大変な問題なのです。なぜならコンプレックスというのは、人を生かさない。生きることそのことを暗くしてしまう。生きることそのことを暗くするということは、生きるいのちを閉じ込めてしまうことです。それはその人のいのちを殺してしまうことと同じです。劣等意識によって、自分の生きることを台なしにしてしまう。だから、劣等意識から解放されているかどうかということは、大変重大な問題なのです。

倶会一処

「倶会一処」ということは、「倶《とも》に一処に会う」ということですから、自と他の問題です。つまり、孤独という問題が人間にあるということです。私たちは、孤独ということがあれば、生きていけなくなるのです。特に、現代という時代において、これは非常に大きな問題だと思います。

ところで、源信僧都の著した『往生要集』において、地獄のことが語られるところに、

こういう言葉が出ています。それは、

一切は地獄の処なり、悪人皆遍満す。我今帰する所無く、孤独にして同伴無し。

〈著者書き下し〉『真宗聖教全書一』参照）

という言葉です。極苦処だといわれ、さまざまな人間の苦しみというものが語られる地獄において、「孤独」ということが、深い人間の苦しみとしておさえられています。八つの地獄が説かれていますが、つまるところ地獄とは、孤独の世界であるということでしょう。

これは、提婆達多《だいばだった》という人のことですが、その方は、釈尊を殺そうとした報いとして、生きながら地獄にまっさかさまに堕ちていったと伝えられています。その提婆達多について、キリスト教のユダと比較しながら述べておられる、『ユダと提婆達多』（岩本泰波著・レグルス文庫）という本を見ますと、「彼の罪人は、人間の音響、言語往来を解せざればなり」という釈尊の言葉をあげて、地獄は、人間の言葉の響きを聞くことのできないところであるということが出ています。つまり、私たちは、大勢の人たちと共に生きていながら、自分の思いの中に閉じこもって、共に生きている人たちの言葉の響きを聞くことができない。心の通い合いが起こらないということです。『大無量寿経』で、浄土の功徳を表したものの中に、「一つには音響忍《おんこうにん》、二つには柔順忍《にゅうじゅんにん》、三つには無生《むしょう》法忍《ぼうにん》なり」（真宗聖典三五頁）とあって、「音響忍」ということが出てきます。言葉というものは、関係を開くものですが、人の語る言葉の響きを聞くことができないということは、そこに関係が開けないということです。だから、地獄とは、孤独の世界であるということです。

このように、人間の問題は、劣等感と孤独だということがいえるのではないかと思います。劣等感と孤独、この二つは人を生かさない。だから、この劣等感と孤独からどう解放されるかということが、実は、人間の問題なのだと。それに応えて、まさに劣等感と孤独から解放された世界として浄土というものが、我々に顕らかにされているということです。

自分の思いと現実

どのようなすがたで苦があっても、苦と感じるというところには、必ず、二つにものが分かれているということがあります。劣等感は自分と自分とが、孤独は自分と他人とが二つに分かれて、切れたままになっているということです。そのことを、我々がいちばん感じるのは、自分の思いと現実とのギャップです。自分はああしたい、こうしたいと思うのだけれども、思ったとおりにならないというかたちで、私たちは苦を感じるということがあるのです。自分の思いと、思いどおりにならない現実というかたちで二つに分かれるということです。だから、「四苦八苦」という言葉で、仏教は、苦のすがたをまとめていますが、基本的にはどんなかたちで苦が語られても、苦というところには、ものが二つに分かれているということがあります。つまり、「二」に分かれているということが苦の構造なのです。

そして、反対に「一」が獲得されることが喜びです。自分の思いがかなうというかたちで、普通、私たちは「一」を経験します。だから、自分の思いがかなえば、嬉しいのですね。そして、私自身そういうことがわかって、少し楽になったのですが、苦のすがたは人によってさまざまです。ところが、私たちは、すぐ苦というものを比較して、あいう苦しみに比べたら、俺の苦しみの方が重いとか軽いとか言ってしまうのですが、要するに苦ということは、ものが二つに分かれているということなのです。一つにならないものを抱えているということです。

劣等感というのは、自分を自分とすることができないというかたちで、自分の中で、自分が二つに分かれているということですし、孤独というのは、隣にいる人と心が通わない。共に生きているにもかかわらず、共に生きるということが成り立たない。自分の生きる場が、二つに分かれているということです。だから、私たち人間は、どんな人も、実は、「一」を獲得しようとして生きているのだと、そんなふうに言えるのではないでしょうか。「一」というと、仏教の言葉で言えば、「涅槃《ねはん》」ということです。涅槃というのは、完全な調和ということで、あらゆるものとの分離が克服されて、そこに、一味の交わりが開かれている世界が、「涅槃界《がい》」ということですから、どんな人も涅槃に向かって生きていると言ってもいいのです。

だから、いのちを生きるということは、「一」を獲得したいということであり、「一」を獲得したいということが、私たちのいのちの欲求だと言えると思います。生きることのいちばん根っこにある欲求は、「一」を獲得したいという欲求だということです。そういう欲求に貫かれて、私たちはみな生きてきたし、また、生きているのだと言えるのではないでしょうか。大袈裟な言い方になるかも知れませんが、人類の歴史というものも、こういう「一」を獲得したいという欲求に貫かれて、それを獲得する歩みであると言えると思います。

そういう視点で、自分の生活を見ていただくとよくわかると思いますが、たとえば、車に乗りたいということと、パチンコをしたいということは、全然違うようだけれども、そこにあるのは、どうしたら「一」が獲得されるかということであり、実は、その方法の違いだということでしょう。お酒が飲みたいと言うけれども、実は、お酒をとおして「一」を獲得したいということでしょう。そこを私は確かめて欲しいと思います。車といっても、お酒といっても、車そのもの、酒そのものが目的ではなしに、車なら車をとおして「一」を経験したいということだと思います。だから、車は私たちにすごい魅力があるのではないでしょうか。そのように、世間にあるさまざまな気晴らしは、我々に「一」を経験させる方法なのだということでしょう。

問題の根っこにある自分の心

生きるということは、「二」を獲得したいという欲求に貫かれて生きているのだということです。ところが、問題は、そう単純なことではないのです。

龍樹菩薩が、「一切の怖畏は皆我見《がけん》より生ず」ということを言っているのですが、「我見」というものが、怖畏の原因だというのですね。このことは、なかなかわかりにくいことだと思うのです。なぜ「二」に分かれるのか、なぜ一つになれないのかというと、普通は、あいつが俺の言うことを聞かないからだとか、性格が違うからだとか、自分に能力がないからだとか、生活環境が悪いからだとか、いろいろありますが、先ほど言ったように、私たちは自分の外に一つになれない原因を見て、それを変えることによって、一つになろうとするわけです。

ところが、龍樹菩薩は、そうではないのだと言うのです。事情の方に問題があるのではなく、私たちが日ごろ、何の疑いもなく、「私」と言っている、その私がものを二つに分けている当のものであるというのです。このことは、私自身が大切にしなければならない教えだと思っています。

一応、この龍樹菩薩の「一切の怖畏は皆我見より生ず」という言葉を聞けば、「うん、そうか」ということになるのだけれども、実はなかなかうなずけないことだと思います。我々は、この「私」を前提にして生きているからです。見るといっても、知るといっても、この私を前提にして見たり知ったりしていますから、前提そのものであるこの私を見ること、知ることは非常に困難なことなのです。

よく、自分の時間がないということを言う人がいます。二十四時間という時間があるけれども、それが、プツ、プツと切れている、と。働いておられる人は特にそう感じておられるようです。プツ、プツと切れて、自分の時間がない、と。ところが、そういうふうに我々が言うとき、そのように言う自分というものが全然問われていない、そういう自分を前提にして、その自分の思いにかなった、自由に使える時間がないと、こう言っているわけです。「一切の怖畏は皆我見より生ず」とは、実は、この前提にしている自分こそが、あらゆる時間というものを、プツ、プツと切っているということです。本当は、自分の時間といえば、全部自分の時間なのです。それを自分の思いの中に取り込んで、いろいろと言っているのです。

これは、信國先生の「自と他」（『信國淳選集』第六巻・柏樹社）という講話を読んで、「ああそうだったのか、本当に単純なことが見えていなかったなぁ」と思ったことなのですが、普通、我々が「私」と言うとき、その私は、私以外の他の人と離れて別にあると考えているわけです。ところが、そんな私は幻想だと、そんな私はもともと存在しないのだということなのです。なぜなら、私が「中川皓三郎」と言ったとき、そこには、妻がいて、子どもが二人いるのです。そういう妻も子どももいない中川皓三郎は事実存在しないのです。中川皓三郎といったら、親がいて、兄弟がいるわけです。そして、あらゆるいのちを生きるものと共にある中川、それ以外に私はないのです。よく見たらそういう中川しか存在していないのです。

ところが、我々の意識をとおして見ると、あたかも、妻も子どももいない私というものがあるかのように思ってしまうのです。そして、そういう私というものに立って、自分の思い通りに使える自由な時間がないと言って、悩んでいるのです。それがもともと幻想なのだということがわからないのです。

だから、「一切の怖畏は皆我見より生ず」ということは、我々が、日ごろ前提にして生きている「私」というものが、あらゆる問題の根っこにある、当のものであることを教えてくださっているのです。こういう教えの言葉をとおして、やっと私たちにも見えてくるということです。

あらゆる問題の根っこは、私たちが、何ら疑うことなく、前提にして生きている、この「私」であるということを、信國先生は、「自己中心的な善し悪しの分別心」という言葉で教えてくださっていますし、親鸞聖人は、お手紙の中で、「凡夫のはからい」という言葉で教えてくださっていますが、つまり、「自力の心」ということです。「みずからがみをよしとおもう」て、「みをたの」む心、そして、「あしきこころをさかしくかえりみ」、「ひとをあしよしとおもうこころ」である「自力の心」が、苦を生み出す当のものなのだということです。

私たちが、真に苦から解放されるためには、私たちが、何ら疑うことなく前提にして生きている、この「私」というものを立場としない新しい「私」というものが生まれなければならないと思うのです。そのことを、『歎異抄』第十六章では、

回心《えしん》ということ、ただひとたびあるべし。その回心は、日ごろ本願他力真宗をしらざるひと、弥陀の智慧をたまわりて、日ごろのこころにては、往生かなうべからずとおもいて、もとのこころをひきかえて、本願をたのみまいらするをこそ、回心とは

もうしそうらえ。（真宗聖典六三七頁）

と語られ、『唯信鈔文意』では、

「回心」というは、自力の心《しん》をひるがえし、すつるをいうなり。（真宗聖典五五二頁）

と語られています。我々が、自力の心を前提にして生きるかぎり、「二」は、いつも幻想の中だけにしかないということです。「二」に分かれた心のままで、どれだけ一所懸命「一」を求めても、その「一」は幻想だということです。そこにはどうしても、自分の心というものが、ひるがえし、すてられているのかどうかということが、大きな問題としてあるということです。

大切なのは、自力の心というものが、あらゆる問題の根っこにあるのだと、そして、その自力の心から解放されることなしに、人間の問題は解けないのだと教えられているのです。そのことに、私たちの具体的な生活の中で、うなずくことができるのかどうかということです。

第三章　絶望を超える道

仏法と関わる姿勢

「ただ念仏して、弥陀にたすけられまいらすべし」という、親鸞聖人が、法然上人をとおして聞かれた自己決定の言葉。そして、その言葉は、同時に親鸞聖人自身が、我々に対して、「ただ念仏して、弥陀にたすけられよ」と、こう呼びかけてくださっている言葉でもあるのです。

最初にもふれましたが、私自身、お念仏を申しておられる信國先生をとおして、自分もまた先生と同じように、念仏申したいと思うことがありまして、ちょうど先生の称える念仏の声に和するといいますか、その念仏の声をまねるようなかたちで、ナンマンダブツと申すことが始まったのです。そのときの感じなのですが、私の横に、それこそ何の飾りっけもない、一人の年老いた老人が、ただ「ナンマンダブツ、ナンマンダブツ……」とお念仏を申しておられる。ただ単純にナンマンダブツ、ナンマンダブツとお念仏申しておられる人が、そこにおられたのです。

信國先生が北海道で倒れられたとき、病院の先生に、「すべておまかせします」という表現で、ご自身のおかれた状況に関わっておられたこと。そして、つねに、我々に「お念仏しようではないか」、「お念仏申して生きようではないか」と呼びかけ続けておられたこと。そして、臨終の病床にあって、合掌され、声にならない声で、お念仏申しておられた、そういう先生のおすがたが私にはあって、この「ただ念仏して、弥陀にたすけられまいらすべし」というお言葉は、我々にどういう生き方を、つまり、どういう自己を語っているのか、そういうことをはっきりさせたいということです。

「ただ念仏して」という、この「ただ」という言葉は、『唯信鈔文意』に、

「唯《ゆい》」は、ただこのことひとつという。ふたつならぶことをきらうことばなり。また「唯」は、ひとりというこころなり。（真宗聖典五四七頁）

とありますように、「このことひとつ」ということだと。そこに、我々の「宗」ということがあるわけです。我々一人ひとり、ぎりぎりのところで何を大切にしているのかということです。「ただこのことひとつという。ふたつならぶことをきらうことばなり」ということは中心の問題ということです。

私自身、実のところ、世間から逃げ出してきたのです。大谷専修学院に入学する前、もう生きていけないということで逃げ出そうとしたとき、学院の児玉暁洋《こだまぎょうよう》先生から、もういっぺん家に帰って仕事をするか、それともすべてを捨ててお坊さんになるか、どっちかだと、こう言われたのです。そのとき、私自身いろいろなことを考えたわけです。大学へ入りなおして心理学を学ぼうとか、いろんなことを考えたけれど、この二つしかないと言われたのです。何年も前のことですけれど、今も、あのときのことをありありと思い出します。私は、あのとき、もう家に帰る気力はなかったのです。それで、私はお坊さんになることを決めました。お坊さんになるということが、いったいどういうことなのかもわからないまま、何か、今までの生き方と違った、別な生き方をしたいと、そういう気持ちで、お坊さんになることを決めたのです。

ところが、何年か学院に身をおいて学ぶ中で、いよいよ気づかされてきたことは、「自分は仏法を必要としていないんだなぁ」ということでした。仏法に関わる自分自身の姿勢に、そんなことを感じるようになったのです。

それは、どういうことかと言いますと、この私にとって、生活不安、つまり、不活畏という問題が大きなこととしてあったのです。だから、今まで生きてきた社会での生き方を捨てるということは、大変なことで、本当にこれからどうなるのだろうかと思っていました。たとえば、今までは、高校を出て、大学を出て、そして、就職して、結婚してというように、ある程度自分の一生というものが見えていたわけです。ところが、お坊さんになるということは、そういうことから言えば、これからどうなるかわからないということがあるのです。これは、本当にそのとき感じた感覚ですけれども、今まで前提にしていた一つの生き方というか、そういう生き方を前提にしてある社会から、一歩外へ出るということは、本当に不安なことだったのです。

自分は、本当に仏法を必要としていないのだなぁと感じたということは、私自身、お坊さんになるということも、自分自身の世間的関心の中であったということなのです。だから、あっちでダメだったから、こっちでひと花咲かそうということで、仏法を本当に自分のぎりぎりのところで、必要としていなかったのだなぁということを、身にしみて感じるということがありました。そこから、初めて仏教とはいったい何なのか、いかなる教えなのかということが問題になっていったのです。

仏教とは何か

みなさんは、仏教は何を教えていると思われますか。

かえって、当たり前すぎて、すっと出てこないということがあるかもしれませんが、私はそのとき、本当に単純なことに、つまり、仏教とは、仏に成る教えだということに気づかされました。当たり前と言えば、本当に当たり前のことなので、驚くようなことではないですね。〝仏教〟とは、〝仏に成る教え〟なのです。そして、仏に成る教えだということは、人をお金持ちにするとか、病気を治すとか、つまり、単純に人を幸せにする教えではまったくないということです。仏の教えに関わる私たち一人ひとりを、仏たらしめるということ以外、何も教えていないのです。私は、そういう仏教に自分の世間的関心で関わっていたのですが、仏教そのものは、ただひたすら私に、仏に成るということはどういうことなのかと、そういうことを教えているのです。

では、仏に成るということは、どうなることなのかということですが、そのことを考えるとき、釈尊の出家ということと、法蔵菩薩の出家ということが思われてくるのです。

釈尊の出家について、『大無量寿経』は、

見老病死《けんろうびょうし》、悟世非常《ごせひじょう》。棄國財位《きこくざいい》、入山學道《にっせんがくどう》。（真宗聖典三頁）

という言葉で語られ、そして、法蔵菩薩の出家については、

時有國王《じうこくおう》。聞佛說法《もんぶつせっぽう》、心懷悅豫《しんええつよ》、尋發無上正眞道意《じんほつむじょうしょうしんどうい》。棄國捐王《きこくえんおう》、行作沙門《ぎょうさしゃもん》、號曰法藏《ごうわつほうぞう》。（真宗聖典一〇頁）

という言葉で語られています。このお二人の出家を語るお言葉を見ますと、「棄國財位（国の財位を棄《す》て）」とあり、また、「棄國捐王（国を棄て王を捐《す》て）」とあります。この二つの言葉からもわかりますように、仏に成るという生き方は、どこまでも国とか財とか位を棄てることとして成り立ってくるということです。だから、仏に成るということはただ漠然と、ということではなく、「国の財位を棄て」、「国を棄て王を捐て」とあ

るように、はっきりとした区別があるということです。自らを国王として成就しよう、実現しようという生き方を棄てることとして、仏に成るという生き方が、初めて成り立ってくるということです。

国王に成るという生き方

では、国王に成るとは、どういう生き方なのか、ということです。国王に成るとは、私たちが、日ごろ前提としている自分を中心にして、その自分の思いを、一つ一つ実現しようとして生きている、そういう生き方のことです。単純に言えば、「自分の思いどおりに生きようとしている生き方」です。だから、国王とは、自分の思いどおりに生きられた人ということです。どこまでも、自分を中心に、その自分を際立たせようとして、自己主張していく、日ごろの私たちの生き方です。我々は、いろいろなすがたかたちをもって自己主張するのです。俺はただ者でないと、そういうことをいうのです。そして、自らを国王として生きよう、つまり、自分の思いどおりに生きようとすれば、結局、お金と力だと、当然そういうことにならざるを得ない。だから、お金と力が象徴する生き方、それが国王に成るという生き方です。お金というのは、あらゆる自分の思いを実現することができる。力というのは、自分の隣にいる人を、自分の思いに従わせることができる。自分の思いを中心とするかぎり、お金と力ということにならざるを得ないのです。

しかし、前にも述べたように龍樹菩薩は、我々が貪欲の心をわが心として生きるかぎり、それこそ全世界の物が、この私の物になっても、すべての人が私のいうことを聞いてくれても、つまり、自分の思いがすべて満たされても、結局、満足することはないのだと。満足することを知らないのが、我々の心だと、こう教えてくれているのです。そして、逆に、我々の生きていることの中には、この世の何ものによっても満たされることのない、深い欲求があるのだということです。そして、我々人間のいちばん深い欲求は、「一」を求める欲求だということを述べてきました。

どんな人も自分と自分が、そして、自分と他の人が一つに出会うことを、一つに心が通ずることを、本当は欲しているのです。具体的な苦のすがたは違っていても、よくその苦を見たら、苦を苦として感じるというところには、共通して、ものが二つに分かれているということがあります。だから、私たちは、生きることに苦を感じれば、何とかその苦から解放されようとするのですが、それは、必ずその「二」であることを破って、「一」を獲得したいという構造をもって行われます。ところが、この国王というのは、自分の思いを中心に生きる者、つまり、親鸞聖人が『唯信鈔文意』で、自力の心というのは、「みずからがみをよしとおも」い、「みをたの」む心であると教えられていますが、そういう自力の心のところで、自分の思いを中心に生きる者のことです。そして、「一切の怖畏は皆我見より生ず」とありますように、私たちの問題の根は、自力の心で、自分の思いを中心に生きるところにあるということです。

ところが、私たちは、前提にして生きている自分自身がなかなか見えない。前提だから見えないのです。それを前提にして自分を見ているから、前提にしている自分自身を見るということは、本当に困難です。だから、私たちが、自分の自己中心性に気づくというようなことは、かろうじて教えの光の中で、教えを鏡として起こってくることなのです。私たちが、こういう身をもって生きているということは、この身によって一人ひとりが区別され、そこで「私」と言っていますから、どこまでも、「みずからがみをよしとおも」い、「みをたの」むという、自らの自己中心性、私性の中だけでしか、私たちは発想できないのです。

僧侶でさえ、お寺に身をおいて生活することのぎこちなさというようなことを感じておられる方がいますが、何の抵抗もなくお寺に身をおくことができるといったら、よほどのことですね。私たちは、どこまでも自らの自己中心性のところで生きているということを言いましたが、お寺に身をおくことのぎこちなさというのは、お寺自身が、私たちに、自己中心性のところで生きることをゆるさないものを持っているということだと思います。それを感じているということがぎこちなさだと思います。

先ほど、私たちのいちばん深い欲求として、「一」を獲得したいということ、つまり、自分が自分として、何とかみんなと一つに打ち解け合っていきたいという欲求があるということを言いました。そして、この私たちの誰にでもある、「一」を獲得したいという欲求を、普通、我々は、自分の思いを中心に実現しようとするのです。自分の思いにかなう現実を生み出すことによって、自分の思いと一つになろうとする。つまり、そういうかたちで「一」を獲得しようとするのです。それが、国王に成るという生き方なのです。

では、そういう国王に成ろうとして、つまり、自分の思いを中心に、その自分の思いと一つになるものを作ろうとして生きればどうなるか。たとえば、人との関係において考えてみますと、他の人と一つに出会おうということが、実は、俺に従えということになってしまうということです。私たちが他の人と争うとき、往々にして〝正しさ〟というものをもって、俺の言うことを聞けということがあるわけです。こうすることが正しいから、この正しいことに順いましょうと言っているのか、俺の言うことを聞けと言っているのか区別できないことがあります。だから、私たちは自分の言うことに反対する人がいれば、非常に感情的になります。そして、自分の意見に固執しなければならず、なかなか反対する人の話が聞けないということがあります。

自分の心を中心にしたすがた

私たちが、自分の思いを中心にして、一つになろうとするかぎり、俺の言うことを聞けということにならざるを得ない。いろいろなかたちで正しさというものをどれだけ装ってもだめです。そこには、「真《まこと》」というものに対する信頼がないからです。「真」に対する信頼ということは、具体的には現実に対する柔らかさとしてあるのです。

それは、どういうことかと言いますと、私たちの思いというものを、親鸞聖人は自力の心だと言っておられますように、いつでも、自分を中心にして、善い悪いというふうに、ものが二つに分かれていく心です。だから、私たちの生活には、二分法しかないのです。善い悪い、好き嫌い、損得、などというようにあらゆるものが、自分を中心に二つに分けられる。すると、私たちが自分の思いを中心にして一つになろうとすれば、一つになろうとする心それ自身が、自分の都合によって善い悪いというように二つに分かれる心ですから、どんなかたちで一つになろうとしても、絶対に一つになれないということです。こちら側に力がないとか、能力がないからということではなく、原理的に一つになれないということです。二つに分かれる心をもって、一つになることはできないということです。

だから、二つに分かれる心で一つになろうとすれば、一方を消す以外にはないのです。そして、その一方を消す方法がさまざまなかたちで、「酔う」ということだと思います。お酒を飲むということだけではなく、我々には、酔う方法がいろいろあるわけですね。気晴らしということもそうだと思います。つまり、一方のものを見なくていい方法です。二つに分かれる心のところで、一つになろうと思ったら、一方を消す以外にはないのです。殺人と自殺ということが、極端なかたちで、このことを象徴しているのだということは、わかっていただけると思います。自分を中心にした愛というものも、そのようなすがたを持つことになります。飲み込むか、飲み込まれるかということにならざるを得ないのです。

親鸞聖人は、回心ということについて、「自力の心をひるがえし、すつるをいうなり」、つまり、自力の心をひるがえし、すてるということなのだと言っておられます。お手紙では、たとえば、「往生は、ともかくも凡夫のはからいにてすべきことにてもそうらわず」と、繰り返し、「はからうな」ということを言っておられます。我々が、自力の心をわが心として、そこから、いろいろ思いはからって一つになろうとしても、絶対になれないのだ、原理的に不可能だということを言っておられるのではないかと思います。

一つに出会いたい

わが思いを中心にして、「一」を獲得したいというところで、生きることの問題を考えているのですが、そのことが私たちのところで、どう確認できるかということがあると思うのです。浄土ということを、「光の世界」と「倶会一処」という二つの言葉で考えたのですが、「光の世界」というのは、あらゆる劣等感から解放されることだと、そして、「倶会一処」というのは、孤独から解放されることだと。そこに、私たちの生きることを閉じ込めるものとして、劣等感と孤独ということがあるのです。だから、どんな人も、自分が自分でありたいと、それこそ好き嫌いというところではなく、いかなる自分であっても、自分が自分に安住できる生き方がしたいと欲しているのであり、そして、どんな人とも、一つに出会っていける生き方がしたいと欲しているのです。

ドストエフスキーの『罪と罰』という小説に、マルメラードフという人の言葉として、〝人間どこか一箇所行くところがなかったらやりきれない〟というような言葉があります。この世をさまざまなかたちで、たとえどれほど身をもちくずして生きても、やっぱり、どこか一箇所行くところがなかったら、生きていけないということがあるのです。飲み屋であっても、自分の愚痴を聞いてくれる、たとえ、それがその場かぎりのことでもいいのです。自分の話をきいてくれるところがなかったら、やりきれないということがあります。私たちは、一人では生きていけないのです。

私の父が亡くなったとき、家の中ではいろいろな問題が起こりました。そのことをとおして思ったこととして、この世で顔を突き合わせて一つになろうと思っても、なかなか一つになれないということがあります。ところが、実は、喧嘩をするということも、なかよくしよう、一つになろうということがあって、起こってくるのです。やはり、いちばんもとにあるのは、一つに出会いたいということです。そして、一つに出会いたいということは、人についても、自分についてもです。私たちは、生まれてみたらこういう自分なのです。私たちは、何か自分の思いでうまく生きているようだけれども、自分の思いで生まれてきたのでは、決してないのです。

これは、ある方からお聞きした話ですが、みなさんも経験があると思います。親に、「こんな俺をどうして生んだのか」と言ったら、親は、「もしも、自分の思いどおりに生めるなら、お前をそんなふうに生まない」と言ったというのです。私たちの生というものは、初めから徹底して受動的だということです。生まれてみたらこういうさまざまな限定を受けてあるのです。だから、そういう自分を自分として生きるということ以外に、生きるということはないじゃないか。単なるあきらめではなく、実は、そう生きることに、非常に豊かな意味と内容があるのだということです。

もしも、何か別な自分になることによってしか、自分の生きることの意味が満たされないのであれば、結局、最後は絶望ではないのか。そこにどうしても、自分が自分と一つになるということがなければ、生きたことが生きたことにならないということがあるように思います。

ところが、私たちが自分の思いを中心にして一つに出会おうとしたら、必ず、自分については、劣等感を持たずにはおれないし、人との関係は、結局切れてしまって、孤独の生を生きざるを得ないのです。そのように、二つに分かれた心のところで一つになろうとしても、絶対にできないのだということです。

だから、ただ貧しさといっても、自分の思いを中心にして生きるかぎりは、貧しさは絶望です。だけど、その貧しさというものが、国王として自らの生きることを実現しようという生き方のところで見られるのでなく、どこまでも一つに出会って生きていこう、それこそ仏として自らを実現していこうというところで見られるとき、貧しさといっても、その意味するところは違ってくるのではないでしょうか。

自力の心

私たちの生きているそのことを、いちばん深いところで促してくるもの、動機づけてくるものとして、「一」を獲得したいという欲求があるのだということを申しました。そして、この「二」を獲得したいという欲求を、二つの側面で見て、つまり、自分と自分、自分と他人というところで、どうなっているのかということを問題にしているのです。そして、そのことは、別々なことではなくて、私たちが、「自分」と言うとき、その自分というのは、他のさまざまないのちを生きるものと、共にある自分ということですから、私たちは、さまざまな関係の中に生きているということです。他の存在と無関係にある自分というのは、考えの中ではあっても、事実はないわけです。そういうことで、私たちが、自分、自分と言っている、その自分は、具体的な日々の生活における、他のさまざまな存在との関係の中で、経験される自分ということなのですから、私たちが、自分が自分になるということも、他のさまざまな存在というものを離れて成り立つことでは決してないのです。

しかし、一応、二つに分けて考え、「一」を獲得したいという欲求を、劣等感と孤独から解放されたいということとして見てきました。そして、問題は、私たちが、「一」を獲得できない原因、つまり、劣等感から解放されない原因は何かということで、龍樹菩薩の「一切の怖畏は皆我見より生ず」という言葉を手掛かりに、実は、原因は外にあるのではなく、私たちが、日ごろ、前提にして生きている、「私」と言っているもの、それが問題なのだということを見てきました。

そして、私たちが、「私」と言っているものを、信國先生は、「自己中心的な善し悪しの分別心」という言葉でおさえておられますし、親鸞聖人は、「自力の心」という言葉で教えてくださっています。「自己中心的な善し悪しの分別心」とは、自分というものを中心に、何が善いか何が悪いかを思いはからって、どこまでも善いものをとり、悪いものを捨てようとする心ですし、「自力の心」については、『唯信鈔文意』には、

自力のこころをすつというは、ようよう、さまざまの、大小聖人、善悪凡夫の、みずからがみ《身》をよしとおもうこころをすて、みをたのまず、あしきこころをかえりみず、（真宗聖典五五二）

とあり、『唯信鈔文意』の異本には、

みずからがみ《身》をよしとおもうこころをすて、みをたのまず、あしきこころをさかし

くかえりみず、またひとをあしよしとおもうこころをすてて、

（真宗聖典一〇七三頁参照）

とあります。また、『一念多念文意』では、

自力というは、わがみをたのみ、わがこころをたのむ、わがちからをはげみ、わがさまざまの善根《ぜんごん》をたのむひとなり。

（真宗聖典五四一頁）

とあり、『尊号真像銘文』では、

義というは、行者のおのおののはからうこころなり。このゆえに、おのおののはからうこころをもったるほどをば自力というなり。よくよくこの自力のようをこころう

べしとなり。（真宗聖典五三二頁）

とあります。「御消息」では、

自力と申すことは、行者《ぎょうじゃ》のおのおのの縁にしたがいて、余《よ》の仏号《ぶつごう》を称念し、余の善根を修行して、わがみ（身）をたのみ、わがはからいのこころをもって、身《しん》・口《く》・意《い》のみだれごころをつくろい、めでとうしなして、浄土へ往生せんとおもうを、自力と申すなり。（中略）義ということは、はからうことばなり。行者のはからいは自力なれば、義というなり。（『親鸞聖人血脈文集』真宗聖典五九四頁）

という言葉で語られています。そして、

往生は、ともかくも凡夫のはからいにてすべきことにてもそうらわず。

（『御消息集（広本）』真宗聖典五六三頁）

という言葉もありますように、私たちが、わが身をよしと思って、わが身をたのみ、そこから、いろいろはからって、一つになろうとしても、絶対に一つになれないということです。結局、劣等感と孤独の中で自分の生を生きなければならないということになります。それゆえに、「自力の心をひるがえし、すつる」回心ということが教えられているのです。

生死出ずべき道

ところで、私たちの「一」を獲得したいという欲求は、はじめに述べましたように、

「生死出ずべきみち」として語られているのです。そこのところでいえば、私たちは、日々の生活の中で、いろいろ問題をもち、それを問題にする立場が、死を見たところからの立場なのか、それとも、死を見ないところからの立場なのかということが、本質的な違いとしてあるのです。仏教は、どこまでも死を見、そして、死を受け容れたところからの教えなのです。

貧しさの問題も、死を見、そして、死を受け容れたところから見るとき、その様相が違ってくるはずです。私の父は、身があるということは、衣食住はついてくるのだというこことをよく言っていました。だから、あまり煩《わずら》うなということなのでしょうが、みなさんはどう思われますか。私は、今まで、食べる物がなくなれば、死ぬとばかり思っていました。ところが、食べる物があっても、死ぬのです。そういうことがわかって少し楽になりました。

だから、もしも死を見ないところで、生きることを考えたら、やはり、お金と力の有る無しが決定的だと思います。生きることの苦しさの原因は、貧しさということになります。しかし、そのとき、その生きることの内容は、どれだけおもしろおかしく生きられたかということになると思います。そして、そういう生き方には、どこまでいっても、満たされるということはありません。あるのは、不平不満だけです。死を見ないところに成り立つのが国王的生き方ですから。だから、どうしても、生きることの差異というものを立てなければ、問題の本質は見えてこないと思います。

国王として生きるのか、それとも、仏に成ろうとして生きるのかという差異です。国王として生きるということは、自と他、生と死の分離を前提にして、「一」を獲得しようということですから、どのように生きても、劣等感と孤独から解放されることはないのです。もうそんなことはいい、俺は、その日その日をおもしろおかしく生きられたらいいのだと。もちろん、そういう生き方もあります。しかし、いのちを生きるということは、生きることそのことの根底に、それでは満足しない欲求を持っているということです。

龍樹菩薩が言われますように、「設い世間に満つる財物を得るとも意猶お足らず」です。どれだけひらきなおっても、そして、思ったようにならんと愚痴のありたけを言っても、心が晴れないわけです。ただ今の自分から出発できない。つまり、私たちが、どれほど自分が自分として生きることの困難な理由をあげても、自分が自分として生きることができない理由にはならないということです。

自分が自分と一つになる

国王として生きようとするかぎり、つまり、自分の思いを中心にして生きるかぎり、生きることが、ただ今の自分を生きることにならない。結局、生きることは、条件闘争ということになります。自分が自分として生きることのできる条件を一所懸命整えることに精一杯で、今生きることが始まらない。なぜなら、自分が自分として生きるということは、自分自身が満足する条件が整ったとき、初めて成り立つと考えているからです。もしも、こういうことが実現したらということにかかりきりになってしまって、自分が自分として生きることが、十年後、二十年後のことになってしまう。だから、現実のただ今の生は、すべて手段化されて、ただ今を生きているにもかかわらず、ただ今を生きることにならないわけです。

私自身、今まで条件闘争ばかりしていたなぁということを思います。「俺の条件は悪い」と言ってばかりいたように思います。他の人との比較の中で、俺の条件は悪いと言う。そして、条件を整え環境を整備して、自分が自分として生きることを始めようとする。しかし、どこまでも、自分の都合です。

だから、人との関係においても、都合と都合ですから、最後は、お互い自分の都合をいちばんにするということです。最後は、みな自分を守りますから、どこまでいっても一つにならないのです。これは、廣瀬杲《たかし》先生の『根源的能動―本願―』（文栄堂書店）という本の中に出ているのですが、「念仏で戦車を止めることができるか」という問いに答えて、「「念仏で戦車を止めることができる！」と言えるはずなのです」と言っておられます。

私たちが、わが身をよしと思って、わが身をたのみ、そこから自分と他人というものを二つに分ける。そういう自分と他人との分離を前提にして生きるかぎり、どれだけ親しい人も、自分の外にあるわけですから、最後は、自分のなそうとすることを妨げるものとしてしか、見えてこないのです。だから、自分の思いを中心にして生きるかぎりは、私の思いとあなたの思いは、一つにはならないのです。みんなにそれぞれの思いがあるのだから、それぞれが自分の思いを実現しようとすれば、最後は、すべて敵だということにならざるを得ない。利用するか、敵になるかどちらかです。

だから、自分と他人を二つに分けて、そこで自分の思いを実現しようとすれば、必ず、力が必要とされるのです。力があるということは、自分の思いに他人を従わせることができるということでしょう。力がなければ、他の人に従わなければならない。だから、力だというわけです。その力を象徴しているのが戦車ということなのです。ところが、ここのところが本当に大切なのですが、どれほど私たちが、強大な力を持っても、自分の外に他人があるということを前提にしているかぎり、敵はなくならない。私たちが、自分と他人を二つに分けて、そこで自分と言っているかぎり、自分の外には、必ず他の人がいるのですから、そういう自分というものがなくならないかぎり、敵はなくならないのです。敵をつくっているのは、この私なのですから。

だから、私たちはあらゆるものを、自分中心に二つに分ける、自力の心がひるがえされ、すてられるということがないかぎり、劣等感と孤独から解放されるということはないわけです。どうしても、人の目におびえ、死の不安の中で、暗くちっぽけな生を生きざるを得ないということになります。「日ごろのこころにては、往生かなうべからず」です。

そこで、清沢満之先生の言葉とフランクルの言葉を見てみたいと思います。清沢先生は、一九〇三（明治三十六）年の六月六日に示寂されているのですが、ちょうどその一年前には長男が亡くなっておられ、続いて奥さんも亡くなっておられるのです。そして、先生が、大きな願いをもって、その任についておられた真宗大学の学監をやめていかれる。そういうことが、示寂される一年前の一九〇二（明治三十五）年に起こっているのです。そのとき先生は、

今年は皆んな砕けた年であった。学校はくだける、妻子は砕ける今度は私が砕けるのであろう。

（『清澤満之全集』第八巻・法藏館）

と言って大浜に帰られたということです。先生自ら、当時不治の病といわれていた結

核という病を患いながら言っておられる言葉なのです。しかし、そういう人間的に言えばいちばん苦しいときに、

而《しこう》して今や仏陀は、更に大なる難事を示して、益々佳境に進入せしめたまうが如し。豈《あ》に感謝せざるを得んや。
（『清澤満之全集』第七巻・法藏館）

と、こういうことを言っておられます。
また、フランクルは、死の床にある一人の看護師さんとの出会いの中で、次のように語っています。

具体的な例を引いて私の頭にあることを言わせて頂きたい。私は何度でもこれを言わなければなりませんが――それほどこれは教訓的だと思うからです。当時私

の神経科で働いていた看護婦※が或る日手術を受けなければならなくなりました――胃腫瘍のためです。しかし試験的に手術してみると腫瘍は取り去れないことが判りました。絶望した看護婦は私に来て貰いたいと言ってきました。話してみると、彼女が絶望しているのも病気などのためではなく働けなくなったためであることが判りました。彼女は自分の職業を何にもまして好いています。けれども今となってはもう働くことができない、これが彼女の絶望の理由なのです。さて、この気の毒な人に私は何と言うべきだったでしょう。事実この状態ではもう見込みがなかったのです。（一週間たつと彼女は亡くなりました。）それにも拘らず私は彼女に次のことを呑み込ませようとしました。あなたが一日に何時間働こうと別に大したことではない、誰かがすぐにあなたを真似てそれを始める。けれども、あなたのように、そんなに働きたがる、だのに働くことができない、つまり働けるどころか働くことを断念しなければならない、そしてそれにも拘らず絶望しない、これこそ誰もおいそれと真似ることのできない行為なのだ。するとあなたは言うだろう、自分が看護婦として身を捧げていた何千という人たちに対して間違っていないだろうかと。あなたは今まるで病気や病弱で働けない人たちの人生が無意味だとでもいうようだが、それこそ間違いではないだろうか？あなたが今の状態で絶望してしまえば、あなたは人間生活の意味をまるで人間が一日何時間働けるということにおいていることになる。しかしそうなるとあなたはすべての病人や病弱者に生きる権利や生存の資格を何一つ認めないことになってしまう。しかし実際には、あなたにとって今という今こそ一度だけのチャンスなのだ。つまり、今までは自分に任せられているそういうすべての人たちに対して、職務上の看護をするのが精一杯だったのに、これからはそれ以上のチャンスを持つことになる。つまり身をもって人の鑑になるチャンスだ。

（『時代精神の病理学』）

※現在では「看護師」と表現されるが、本書では出典の表記のまま掲載した。

フランクルは、胃腫瘍でいよいよ死ななければならない一人の看護師さんに対して、自分が働けなくなったということで絶望しているなら、人間として生きることの意味を一日何時間働けるかというところにおいていて、結局、今まで献身的に看護してきた何千という人たちに対して、病気や病弱で働けない人の人生は無意味だと言っているのと同じではないかと。それはおかしいのではないか。フランクルは、人間として生きることの意味を、「身をもって人の鑑になる」ことだと言い、それは、絶望しないで、働けなくなった、ただ今の自分自身を受け容れることだと言っているのです。どのようなかたちで生きようとも、自分が自分と一つになって生きることができる、それが人間なのだと言っているように思います。「身をもって人の鑑になる」とは、そういう生き方を言っているのではないでしょうか。

本願は一如《いちにょ》の祈り

では、どこで、絶望しないで自分を自分として受け容れることができるのか。親鸞聖人は、「名号の他には、何事の不足にて、必ず経を読まんとするや」（真宗聖典六一九頁）と言われます。徹底して、本願の名号だと。そういう言葉をもって教えてくださっていることは、阿弥陀《あみだ》なるいのちを見出すことによってだと。阿弥陀なるいのちを見出すことによって、初めて私たちは、絶望しないで自分を自分として受け容れて生きていくことができるのだということです。

阿弥陀とは、いのちの無対立性、一如性をあらわしています。それゆえに、私たちは、阿弥陀において、無条件に一つに出会っていくことができるのです。そして、本願の名号、南無阿弥陀仏とは、我々に、「汝《なんじ》のいのちは、阿弥陀なり」ということを告げ知らせる本願の言葉であります。そのことを、信國先生は、「汝、無量寿に帰れ、無量寿に帰って無量寿を生きよ」という言葉で教えてくださっています。本来一つであるから、一つになっていこうということです。

私たちは、さまざまな関係の中で、さまざまなすがたをあらわしながら生きているのですが、そういう自分に対して善し悪しを言い、どこまでも善し悪しを選ぶ心のところで生きているのですから、悪しき自分とは、とうてい一つになることができません。清沢先生が、「而して今や仏陀は、更に大なる難事を示して、益々佳境に進入せしめたまふが如し。豈に感謝せざるを得むや」と言われるとき、そこには、いかなる絶望的な状況にあっても、なお絶望しないで、生きていくことのできる道があることが語られています。それは、「大なる難事」を縁として、いよいよ「一」が証されていく道です。人間的にいえば、絶望以外にありません。しかし、その絶望が、阿弥陀の光に照らされるとき、阿弥陀のいのちを証明する縁に転ずるのです。

フランクルが、「身をもって人の鑑になるチャンスだ」と言われることも、同じように、私たちが、日々の生活の中で、いろいろ経験する出来事は、誰もが阿弥陀のいのちを生きる者であることを証す、チャンスなのだということを教えてくれているのではないでしょうか。そして、そういう生き方は、「本願の名号」をわが名として生きる者に成るとき、つまり、阿弥陀のいのちを自覚的に生きる者に成るとき、初めて成り立つことを教えてくださっているのが、「ただ念仏して、弥陀にたすけられまいらすべし」というお言葉であり、「名号の他には、何事の不足にて、必ず経を読まんとするや」という聖人のお言葉ではないでしょうか。

貧しさということも、私たちが、阿弥陀のいのちを自覚的に生きる者に成るとき、そこに融通し合うという関係が開かれてくるのですから、貧しさというのは、絶対的な意味をもたないことになると思います。だから、私たちが、どこに立って、それを問題にしているかということが、どうしても、確認されなくてはならないのです。

親鸞聖人が、「日ごろのこころにては、往生かなうべからず」と厳しく言われ、信國先生が、私たちの「自己中心的な善し悪しの分別心」こそ、問題の根にあるものだと教えてくださっているのも、我々が何を自己として生きているのか、そして、その自己はいのちを真実に生きることのできる主体なのかどうか、それを確かめよということでしょう。外に問題があるのではないのだと。我々が、自己と言っているものが、自力の心であるかぎり、どのように生きても、劣等感と孤独の中に閉じ込められた生でしかないということです。

そのことを、信國先生は、次のような言葉で教えてくださっています。

それなら、何がいったい本来的な調和を破って不調和を作り出す原因であるのかといえば、それはひと口に言って私どもの「我執」というものである。仏教で我執と言っているところの自我関心が世界を捉《とら》えるそのことによって、私どもの世界の本来的な調和が破られているのである。私どもは、自己の自己に対する関心、配慮、愛によって、常に他人や世間と不調和であるばかりでなく、また同時に自分自身とも不調和である。不調和というものは、たといどんな形の不調和であっても不快であり、心の安らがぬもの、楽しまぬものである。煩悩といい苦悩というのは、すべて私どもの調和に対する背反から生じる。それはさまざまの形の分裂の悩み、争いの痛苦である。その背反を打破し、遠い未来の外においてではなく今ここにおいて、私どもを一如と呼ばれる本来の調和的世界に返そうといういのちの根源的な願いが、本願である。いのちは本来、一如なのである。そして、本願は一如の祈り、――一如を現わし、一如を回復せんとする祈りであり、我執、我欲としてある私どものいのちへの、本来的・一如的生命から発する招喚であるのにほかならぬ。

（『信國淳選集』第七巻「信心と衆生㈠」柏樹社）

ここに「いのちは本来、一如なのである。そして、本願は一如の祈り、――一如を現わし、一如を回復せんとする祈りであり、我執、我欲としてある私どものいのちへの、本来的・一如的生命から発する招喚であるのにほかならぬ」とありますように、「ただ念仏して、弥陀にたすけられまいらすべし」とは、「本来的・一如的生命から発する招喚」であり、その招喚の声に応じて、いのちの本来性、一如性を回復して生きる者とならんと、自らの生の立場を決定した者の名のりであります。自らを南無阿弥陀仏と決定した者において、いのちの本来性、一如性が回復してくるのだと教えてくださっているのです。それゆえに、「ただ念仏して、弥陀にたすけられまいらすべし」という生き方だけが、我々の根源的課題に、よく応えることができるのだということです。

最後に、私が、いつも引用させていただく信國先生のお言葉を紹介させていただきたいと思います。

本願という仏の欲生心《よくしょうしん》にあっては、すべてが一如である。すべてが対立せず、矛盾しないのである。私どもの生と死も、善と悪も対立せぬし、また自己と他人も矛盾しないのである。自己と他人の二元の矛盾を含まずして、しかも大いに生きんと欲するものが、即ち仏の欲生心というものである。だからその欲生心によって生きると、自然に私どもの生活のすべてに一如が回復されてくるのである。まことに、自己と他人を一つに見、自他衆生の連帯的生活そのものを我が生活として生きようとする仏の欲生心だけが、人間各個の自己本位な欲生心の束縛から自由であることができるのであり、それ故にまたそれは、人間各個の善悪を一つに見、それを平等に受け取って欲生していくことができるのである。私どもの欲生心は、自分本位に善悪を選び、選ぶことによって生のもつ本来の意義をおのずから覆い隠しているのであるが、仏の欲生心は、その善悪を選ばぬ心によって私どもの善悪を否認し、善悪の矛盾を奪うとともに、私どものいかなる者をも本来の自己自身に還《かえ》らせることができ、私どものいかなる者にも生の本来の意義を汲《く》みつくさせることができるのである。なぜかといって、善悪を選ばぬ心の中では、善悪の矛盾的対立もその依り処を失って、自然と対立を解消せざるをえないはずだからである。どんな悪いことでも平気で無関心に受け摂《おさ》めていく心であるなら、その心をどんな悪も傷つけることができず、かえって刃《やいば》を捨ててそこに帰入するほかないはずだからである。そういう深く広い仏の欲生心というものを、私どもがめいめい自分のうちに見出して、それを生活の依り処とし、それによって私どもが、煩悩生活の中にありながら煩悩を敵としてもつことなく、しかも煩悩を超えて生活していくということ、それを私どもの信の選択の問題として私どもの前に提起していられるのが、我が親鸞聖人であるわけである。

（『信國淳選集』第七巻「選択本願㈠」柏樹社）

信國先生が、「善悪を選ばぬ心の中では、善悪の矛盾的対立もその依り処を失って、自然と対立を解消せざるをえないはずだからである。どんな悪いことでも平気で無関心に受け摂めていく心であるなら、その心をどんな悪も傷つけることができず、かえって刃を捨ててそこに帰入するほかはないはずだからである」と言われることは、廣瀬先生が、「念仏で戦車を止めることができる」と言っておられることの具体的内容です。

親鸞聖人が、私たちに「ただ念仏して、弥陀にたすけられまいらすべし」と呼びかけられ、「名号の他には、何事の不足にて、必ず経を読まんとするや」と、本願の名号、南無阿弥陀仏こそすべてだと教えてくださっているのは、そこに、はじめて無条件に「一」というものが実現されるのだということであり、それ以外のあり方においては、結局、すべてが二つに分かれてしまって、劣等感と孤独の中に自分の生を閉じ込めてしまわざるを得ないということなのです。

あとがき

本書は、大谷専修学院同窓生学習会・青草びとの会の講義録をもとに、中川氏に加筆・修正いただいたものです。

『歎異抄』にある「ただ念仏して、弥陀にたすけられまいらすべし」という親鸞聖人が法然上人より賜った言葉を憶念し、展開している中川氏の身をとおした言葉によって、現代社会を生きる我々の課題が問い直されます。

ぜひとも、多くの方々に本書をご味読いただき、自分が自分として生きるとはどういうことか、あらためて向き合い、考える機縁となることを願っています。

中川氏には、ご多用にもかかわらず、本書の発行に際し一方ならぬ労をとっていただきましたこと、厚く御礼申しあげます。

二〇一七年九月一日

東本願寺出版

著者略歴

中川皓三郎●なかがわ　こうざぶろう

一九四三（昭和十八）年、大阪府に生まれる。金沢大学工学部卒業。大谷専修学院卒業。大谷大学大学院文学研究科博士課程満期退学。大谷専修学院指導主事、大谷大学短期大学部教授、帯広大谷短期大学長を歴任。日豊教区林松寺衆徒。

著書に『いのちみな生きらるべし』、『ほんとうに生きるということ』、『ブッダと親鸞　教えに生きる』（共著）、『親鸞　生涯と教え』（監修）（以上、東本願寺出版）など。

ただ念仏《ねんぶつ》せよ—絶望《ぜつぼう》を超《こ》える道《みち》—

二〇一七（平成二十九）年十月三十一日　第1刷発行

著者　中川皓三郎
発行者　但馬　弘
発行所　東本願寺出版（真宗大谷派宗務所出版部）
〒六〇〇－八五〇五
京都市下京区烏丸通七条上る
電話　〇七五－三七一－九一八九（販売）
　　　〇七五－三七一－五〇九九（編集）
FAX　〇七五－三七一－九二一一
印刷・製本　株式会社アイワット
装幀　島津デザイン事務所

ISBN978-4-8341-0567-4 C1315